AF404641

LES RVSES ET
FINESSES DV TROIS
CHAMBRIERES DE
CESTE VILLE
descouuerte,

PAR

TRIDOVLET.

AVEC

nouuellement enuoyé par ledit Tridoulet
à leurs Maistresses.

M. DCXV.

LES RVSES, ET
FINESSES DE TROIS
CHAMBRIERES DE
CESTE VILLE descouuerte,

PAR

TR BOVLLET,

AVEC

*Vn aduertissement enuoyé par ledit Triboullet
à leurs Maistresses.*

M. DCXV.

HOh, hoo, me faire coupper
les oreilles, mettre Triboulet
en Chien courtaut, l'essoreil-
ler : cela est de trop dure di-
gestion pour luy, qui n'y est
pas accoustumé, prenez moy donc en
dormant, & encores (Hom) veu que ie
n'en suis pas cause. Car s'il y auoit de ma
faute, & bien, passe, il y a prou d'oreilles en
Bourbonnois. Le Sire Berthoumion grand
maistre fy fy d'Auignon, en perdit bien
n'aguieres vne: & pour cela en est il moins
prisé? n'est-il pas tousiours en grade, & en
reputation comme deuant? C'est pour
vous monstrer, que Triboulet ne tient pas
à deux oreilles; mais que quant on le prent
à contrepoil, l'on auroit plustost de luy
trois voire six paires de gourmades que la
moindre de ses oreilles, & asseurez vous en.
Ie suis vn peu en colere, teste d'vn petit
poisson n'y a il pas dequoy? vne seule chã-
briere ennemie en ceste ville est plus dan-
gereuse que cinquante au pays des taupes
au tremet dict Bergamache. Qu'est-ce dõc

d'en auoir tant:Ie parle à ceux qui m'ont
mis en mauuais mefnage auec elles, & leur
ont mis en tefte,que c'eft moy qui rappor-
te à leurs maiftreffes toutes leurs petites
(hay)ie ne veux encores dire :voyez fi ie
crains les offecer,fi ie fuis plein de refpect
en leur endroit,& à plus forte raifon fi i'au-
rois voulu cõme elles croyent,dire & rap-
porter à leurs maiftreffes qu'elles fe vont
faire fou, fou (foin) fourrer le deuant de
leurs robbes chez certaines vieilles fempi-
ternelles de cette ville.(Ie begaye vn peu
quelquefois) tant s'en faut, que pluftoft
puiffe-ie tomber fur la pointe d'vn oreil-
ler tout en vie que feulement y penfer; elles le croyent toutesfois, que feriez-vous-
là?Vous frapper la tefte contre les murail-
les. Celle leur hereticle & fantafticle opi-
nion eft fort fouftenuë d'ailleurs.C'eft que
de mon naturel, ie ne fais iamais rien cinq
ou fix iours la fepmaine, fefte ou non,fors
& excepté me pourmener; le malheur ne
veut-il pas le plus fouuent, que fans y penfer,non plus de mal qu'vn vieil finge, pendant mes fpondaicques pourmenades ,ie
vienne à les rencontrer aux lieux ordinai-
res de leurs cõferences du bas eftage,qui
eft caufe qu'incontinent que quelcun de
leurs tours de foupleffe eft reuelé, fur qui
penfez

pensez vous qu'elles en iettent le blasme,
sinon sur le pauure Triboulet? hà le tardé
à pendre, la Galere ne le tiedra elle iamais
dans son ventre, que fait-il en ce monde
sinon pour (par ses flagorneries) nous faire
tourmenter à nos maistresses hà que le mau
sin feu de rique raque, aussi menu que poil
de vache, renforcé de vif argent luy puisse
entrer au fondement: c'est trop enduré: il
faut faire vne vinaigrette de ses oreilles.
Ne croyez, Messieurs, q̃ ie parle par cœur
ia à Dieu ne plaise; ie ne dis que ce que i'é
entendis dernieremét dire à trois des plus
haut huppees, & mieux attiffees de toute
la trouppe, ce fut Mardy iour pour iour, à
ce petit recoin qui est là, cõme vous vous
destournez pour aller tirãt à main droicte
à la ruë de (hem) Mon Dieu, ne m'en sçau-
roy-je souuenir, bref ce fut là mesme: deux
desquelles portoyét chacune sõ cabat, l'autre quãt ce fust pour mourir ie ne iurerois
pas ce qu'elle portoit, car elle me tournoit
le derriere, & crois mesme qu'elle estoit
cuisiniere, qui suffit pour la declarer impe-
netrable: car ces petites gracelettes de cui-
sines ne sont pas pour l'ordinaire diapha-
nes: mais cela ne m'importe: car qu'est-il
besoin de disputer, si vn chat à vne fene-
stre ressemble mieux vne chatte, qu'vne

A   3

chatte vn chat, c'est tout de mesme: laissõs
là ce qu'elle portoit soit cabat, soit seruiet-
te. Si iurerois je biẽ qu'elle alloit ou vẽdre
ou achepter quelque chose, ou peut estre
tous les deux ensemble, cõme vous pour-
riez dire achepter de la chair morte & en
vendre, ou (pour parler plus authentique-
ment) en louër de toute viue, mouuante, &
brecillãte. Ce fut ceste tendrelette, qui la
premiere voulut entamer le discours d'v-
ne parolle assez libre & hagarde. Mais les
autres luy firent à l'instãt changer de ton:
parlez plus bas (ma sœur) ce dit incontinẽt
vne camuse : ignorez vous combiẽ le mõ-
de est meschant maintenant , combien les
langues sont mal-disantes , mesme contre
nous pauurettes , qu'il nous est impossible
de faire, ny dire, la moindre chose qu'incõ-
tinant ne soit sçeuë & diuulguee par tout.
Helas m'amie ! où est le bon temps qu'il
nous estoit permis d'aller, de venir, où bon
no⁹ sembloit sans crainte de personne? Où
est le bon temps que nous passiõs si ioyeu-
semẽt nostre temps chez la grosse Guille-
mette nostre bõne mere tout prés la bou-
cherie? qui iudicieusemẽt nous fit premie-
remẽt entreappeller sœurs pour nous obli-
ger dauantage à estre secrettes. Ha que si
la bonne personne estoit encores au mõ-
de,

de, que diroit-elle maintenant? Elle nous
aduertiſſoit touſiours bien, mes filles, ma
Toinette, ma Beneyty ma mie, gardez-vo⁹
des meſchantes langues, & ſur tout de ce
meſchant tiſon d'enfer, de ce poſt de Gi-
bet, de ce meſchant Triboulet. Ha mes a-
mies, vous ne le cognoiſſez pas, il eſt touſiours aux eſcoutes, il ne fait iamais autre
choſe que vous eſpier, pour incontinent en
aduertir vos maiſtreſſes. Elle le nous diſoit
bien la bonne & preude femme, mais nous
ne le pouuions croire, & ne recognoiſſions
combien ces pieuſes remonſtrances nous
eſtoyent ſalutaires. En ce temps il m'eſtoit
loiſible d'aller, venir, ioüer, paſſer mõ téps
à toutes heures que la fantaſie m'en pre-
noit, ſans craindre ame viuãte. I'auois quatre ou cinq bõnes retraictes, où ie me pou-
uois aſſeurer d'eſtre auſſi ſecrettemét que
chez ma mere propre. Elles m'aïmoient tãt
qu'auſſi toſt qu'il ſe preſentoit quelque
bonne prattique, quelque bon morceau e-
ſtranger (Car de ceux de la ville il ne m'en
failloit parler, il n'y faict pas bõ) c'eſtoit in-
cõtinent à m'enuoyer querir, par leurs petits, vous mentendés bien, qui hardiment
me venoyent demander, & dire que ma
couſine me deſiroit fort parler, pour mon
proffit, & ce deuãt maMaiſtreſſe aſſés haut

à fin

à fin quelle l'entendisse. Tatost me disoiét
qu'elle ou son Mary estoiét malades, qu'ils
n'auoient personne auec eux, qu'ils me
prioient leur achepter telle ou telle chose:
Ou il estoit venu quelqu'vn de nostre païs
qui me desiroit voir, ou me demãdoit si ie
voulois escrire en tel lieu il y auoit des
gens qui partoiét pour y aller: d'autresfois
ils m'apportoiét quelques hardes, que (cõme il disoit) ma Mere, ma Sœur, ma Tante,
ma Cousine menuoioyent: Quelqu'autre-
fois me presentoient des lettres de mon
pays, recõmandations de ma Maraine, qui
me vouloit faire son heritiere, vne de mes
Cousines s'estoit mariée de nouueau, ma
sœur estoit malade qui me demãdoit quelques douceurs, quelques grenades ou autre. Tãtost l'vne de mes parentes estoit al-
lee à Dieu, qui en mourãt auoit tãt regre-
té ne me pouuoir voir, s'estoit recõmãdée à
mes bõnes prieres, & petits menus suffra-
ges. Ils venoient souuét frapper à la porte:
n'est-ce pas ceãs q̃ demeure vn tel Mõsieur
y est-il (quãt ils sçauoiét qu'il estoit sorty)
Monsieur tel Madamoiselle telle n'est elle
pas entree ceãs? Celuy qui faict les affaires
de Mõsieur y est-il. Ie desirerois fort parler
à vn tel, à vne telle, ie faisois les responses

telles

telles qu'il me plaisoit.(car notés qu'ordinai-
remét i'ouurois la porte) & tout ensëble faisois la despeche à ce gétil postillon d'amour.
Or de peur que ces petits porte-pacquets ne
fussent recogneus pour y venir trop souuent,
les bónes meres (desquelles ie vous ay parlé)
ne s'é seruóiét tousiours, ains auóiét des fem-
més pauures (à la verité) mais bien apprises &
expertes en tel mestier, lesquelles soubs pre-
texte de quelques vieilles seruiettes, nappes,
quelques vieux corps de cottes, vieilles chauf
ses, entroient effrontément, & demandoiét si
l'on ne vouloit rien achepter de leurs mar-
chandises: & pour mieux donner le fil à la ra-
pe, me faisoient tousiours de petites exhorta-
tions, cóme de bien seruir ma maistresse, de
luy estre obeissáte, d'estre tousiours sage, qu'il
falloit vn peu endurer des maistresses, affin
de paruenir, que nul bien sans peine; qu'elles
auoient esté en leur ieunesse aussi à leur aise
comme moy, mais que faute d'auoir creu bó
conseil elles s'estoient rópues le col auec vn
meschant mary dés l'an mille six cents trop
tost, & bié m'amye prenés exemple sur moy,
faictes tousiours bien & m'en donnés le blasme, vous n'aurés iamais meilleur téps, il n'est
que d'estre fille, telles, ou semblables enjoleu-
ses paroles plaisoiét tellemét à ma Maistresse
qu'elle estoit fort contente de les voir, croyát

qu'elle en eſtoit de beaucoup mieux ſeruie.
Il y auoit d'autre coſté la vieille regrettiere
qui venoit ſouuent lauer la vaiſſelle chez
nous,de qui noſtre damoiſelle auoit tant de
pitié à cauſe de ſa grande fille qui ne bou-
geoit du lit:ha mes cheres ſœurs mes amyes,
les bõs ſeruices qu'elle m'a rẽdu.Mais ſus tou
tes il n'y auoit qu'vne Goebaude pour eſtre
biẽ ruſee : vous ne cognoiſſiés qu'elle; mais il
ne vous en ſouuient plus.C'eſtoit ceſte grãde
femme qui vendoit des pieds , des bras , des
mains, des chandelles de cire , à la porte de
l'Egliſe S.Rigoumé,elle ne me voioit pas pluſtoſt venir,que ſous ombre de m'offrir de ces
chãdeles,elle me vint dire &aduertir,de tout
ce qui ſe paſſoit touchãt noſtre prattique tãt
deça que delàl'eau:ie fis biẽ autre choſe pour
plus cõmodement iouir d'elle,la cognoiſſant
ſi habille:car tãt parces bigoteries, clinabots,
cagoteries & autres vieillaqueries de gueuſe
que par les continuels recits de ſa pauureté,
que ie faiſois à ma Maiſtreſſe qui pour lors e-
ſtoit encores aſſés ieune,& partant facile à eſ
mouuoir,elle entra aux bonnes graces de noſtre Damoiſelle : qui luy diſt venir querir les
reſtes de potages de la maiſon,leſquels ie faiſois ſonner haut,eſtre dommage de perdre &
laiſſer aller à mal , qu'il valloit beaucoup
mieux , les donner pour l'honneur de Dieu.
Ce

Ce que luy eſtãt permis, Dieu ſçait les belles
bourdes que nous donniõs à Madamoiſelle:
car penſés vous, que le mot du gué eſtãt ainſi
dõné, ie mãquaſſe à l'aſſignatiõ: cela ne m'ar-
riua pas en tout le temps que ie fus tant heu-
reuſe, deux fois. Ie ſçay que cela deſplaiſt trop
aux bonnes meres, veu que par cela elles perdent leur credit, auec le gain qu'elles en eſ-
peroient: & bien ſouuent au lieu d'argent, elles auront deux ou trois douzaines de coups
de pieds dans le cul, à la ſauce de va vieille
macquerelle, vieille ſorciere, tu te mocques
donc ainſi de nous, tu nous fais venir icy deſ-
pendre noſtre argẽt en deſieuners, gouſters,
ſouppers & collatiõs, & tu ne nous dõnes dequoy paſſer noſtre temps: Et à ce propos ne
ſçaués vous pas quelle fortune courut vne
fois la dame Iacomé, ils la vouloient pendre
au ſolineau, ſans que (à la bõne heure le puiſ-
ſe ie dire pour elle) i'arriuis & mis incontinẽt
la paix à la maiſon: hà mamye, il ne leur faut
pas manquer de promeſſes, autrement les
coups marchent incontinẽt par pays, & quel-
quesfois meſme ſur nous quant nous tardõs
trop: car ils ont le plus ſouuent (auſſi bien que
nous) affaire ailleurs: mais comme ie vous ay
dit, cela ne m'arriuoit gueres. I'y prenois trop
de plaiſir pour y manquer, i'auois incontinẽt
trouué quelque expedient, ou cõme i'ay tã-

toſt dit, qu'il me failloit aller trouuer ma
couſine,qui mauoit mãdé par ſa niepce qu'elle eſtoit malade. Ieſus ma ſœur,combien de
fois ay-je demandé à noſtre damoiſelle quelques confitures pour luy porter, leſquelles
iallois bien-toſt fricaſſer à la ſauce douce au
lieux que ſçauez : au retour,ma couſine vous
enuoye le bon ſoir : elle vous remercie de la
bõne ſouuenãce qu'auez eu d'elle:& des cõ-
fitures que luy auez enuoyé:elle en a gouſté
pour lamour de vous dés qu'elles les à veües
elle ſe porte vn peu mieux,elle vous viendra
remercier elle meſme,le pluſtoſt qu'elle pou-
ra. Tantoſt il me failloit aller chercher quelqu'vn du pais par qui eſcrire,ou enuoier quel
que choſe à mon Pere, ma mere, ma tante,
mon Oncle, ma petite ſœur , ma niepce, ma
couſine , ou quelquè autre de mes parentes.

Combien de fois ay-je dit qu'il n'y auoit
point d'herbes? où qu'elles eſtoyẽt toutes fle-
ſtries? biẽ q̃ ma Corbeille fuſt toute pleines.
Que voulez vous mãger, (luy diſois ie autres
fois,) il n'y a rien d'appetit pour vous , vous
iray je achepter vne Aloüette,vne Griue,vne
Caille,vn petit Perdreau,celà vous mettra en
appetit, ie ſuis tant ayſe, tant contẽté quãd ie
vous voy bien manger,ne mãgeriez vous pas
bien d'vne ſalade,elle vous fera prẽdre gouſt
aux autres viãdes, ou des raues,ou des choux

cabus,ou autres choſes,que ie iugeois qu'elle
aymoit,ie changeois ſouuent d'eſchapatoire:
car vn rat bien aduiſé ne ſe fie pas touſiours
à vn trou, tātoſt luy diſant que ie n'auois plus
d'eſpices, qu'il eſtoit impoſſible de luy accō-
moder riē à ſon gouſt ſans eſpices , ſucre,caſ-
ſonnade , poiure & choſes ſemblables. Hier
(luy diſois-ie quand ie n'auois autre choſe) ie
fus chez voſtre tailleur, cordonnier , parfu-
meur,orfeure,gantier,(ou autre auec leſquels
elle euſt affaire)voir ſi ce que luy auiez com-
mādé eſtoit preſt,il n'y eſtoit pas,y retourne-
ray-ie?La volaille eſtoit hier trop chere,peut
eſtre en auray-ie meilleur marché auiour-
d'huy.Vne telle eſt bien malade,s'il vous plai-
ſoit ie luy porterois ce que luy promiſtes der-
nierement:bref ie trouuois touſiours moyen
de ſortir pour me trouuer au rédévous. Cependant que i'y eſtois,penſez-vous que mes
affaires demeuraſſent en ariere? où q̃ ce que
i'auois promis d'achepter ne fuſt achepté?ces
habiles femmes eſtoiēt tellemēt inſtruictes&
faictes à celà que ie ne leur auois paspluſtoſt
dit,i'ay affaire de cecy ou de celà,que ie ne
l'euſſe deuant meſme que i'euſſe enuie de
quitter ma compagnie, car(comme vous ſçauez) quand on y eſt on n'en voudroit iamais
ſortir,il y faict bon,ne ſuis-je pas bien ſimple?
à qui le diſ-je ? à qui le ſçait mieux que moy:

Voyez-vous mes sœurs, ne m'estant plus permis de le faire, ie tasche d'alleger mõ ennuy
en en parlant, & me ramenãt en memoire les
bons tours du temps passé. Dieu sçait à lors si
apres auoir bien ioüé mon personnage, ie m'ē
retournois contente à la maison, deux iours
apres i'en estois plus gaillarde, ioyeuse, dispo-
se, rien ne me pouuoit fascher. Ma maistresse
en estoit mieux seruie, recognoissãt le plaisir
qu'elle m'auoit faict me laissant libremēt aller, il n'y auoit personne de la maison qui ne
s'en ressentist. Non que pour rien du monde,
ie permisse iamais à aucun de me baiser. Vous
sçauez que cela nous est trop recõmandé par
celles qui sont les plus experimētees au mestier. Il ne faut iamais soüiller son nid (mais di-
sent elles) dehors tant que vous pourrez, vous
ne le ferez iamais plus ieunes: ie rēuoyois biē
loin ceux qui attirez & allechez par quelque
petit remuement de hanches en meslant le
pot, ou par quelque œillade iettee à l'esgaree
venoyent pour me baiser où taster les tetons.
Sçauez vous (leur disois-je) feignant estre en
colere, & me leuant sus les arteils, si vous ne
voulez estre plus discret, i'en aduertiray mõsieur & madamoiselle, ce n'est à moy qu'il se
faut addresser, allez chercher vos coureuses:
à qui pensez-vous auoir affaire? à quelque
mal-aduisee, hoo de par tous les trentes, ie ne
suis

suis pas de celles-là, ie ne suis pas si folle comme vous pensez, encores que i'aime bien à ri-
re & passer le téps. Auec ces choses, ie les en-
uoyois bien loin: ie ne laissois cependant sans
faire semblant d'en aduertir ma maistresse,
pour dauantage luy confirmer la bonne opi-
niõ qu'elle auoit cõceuë de moy. Mais maintenant, hà mes amies que tout est bien chan-
gé, le temps n'est plus comme il souloit, Per-
nette ma mie: tout est rēuersé sans dessus des-
sous, nous sommes pour le iourd'huy la fable
de toute la ville. Chez toutes les commeres
ou accouchees on ne parle, on ne caquette
que des pauures seruantes, les predicateurs
nous ont prinses pour matiere de leurs predi-
cations. Gardez vous, mes Dames & Damoi-
selles (criaillent-ils incessammēt) de vos chā-
brieres, ayez y l'œil soigneusement, de peur
qu'estant gastees elles n'infectent toutes hos
maisons: exterminez de bōne heure ces mes-
chantes maisons, qui les corrompēt & perdēt
si malheureusement: endurerez vous que à
vostre sçeu, il y ait au milieu de vos ruës,
mesme à l'entour des Eglises de ces esgouts
de toutes impuretez, de ces cloacques, de ces
fournaises d'enfer, de ces receptacles de de-
mons. Lairrez vous viures en liberté de con-
sciēce, ces ministres de Satan, ces corratieres
de Lucifer? qui par leurs dangereux artifices,

perdent

perdent & enuoyent aux Enfers tant de pauures ames, lesquelles sans elles eussent peut-
estre loüé eternellement leur Createur. Ces
choses & beaucoup d'autres ont tellement
donné l'alarme à nos maistresses, mesmemét
à la miéne, qu'elle ne me veut iamais perdre
de veuë. I'ay esté depuis quelque téps en çà
aduertie de me donner garde, par trois ou
quatre personnes dignes de foy, qui eux mes-
mes auoyent charge de m'espier lorsque ie
sortois; si quelcun me vient demander, ellé
dict que ie ny suis pas, ou qu'elle a affaire de
moy, qu'elle ne me paye pas pour courir, &
pour aller visiter le tiers où le quart, si sa cousine a affaire auec elle, qu'elle la vienne trouuer, elle a plus de cómodité qu'elle : bref elle
ne me permet iamais de sortir, pas vne de ces
bonnes & fidelles messageres ne hante plus
nostre maison, iamais il ne me faut parler de
visiter le bon mósieur de Rigoumé sans estre
en la comp. Dieu du Ciel, voila Triboulet, ha
nous sommes perduës, il a tout entendu. Et
voila ce qui m'a esmeu à coutroux & vous
prie me conseiller si ie dois faire le rapport à
leurs maistresses ou non. A Dieu iusques à de-
main.

F I N.

9 782019 945275